Timo Bunger, Matthias Block

Der 'Gläserne Mensch'

GRIN Verlag

Bibliografische Information der Deutschen Nationalbibliothek:

Die Deutsche Bibliothek verzeichnet diese Publikation in der Deutschen National-
bibliografie; detaillierte bibliografische Daten sind im Internet über http://dnb.d-
nb.de/ abrufbar.

Impressum:

Copyright © 2003 GRIN Verlag GmbH
Druck und Bindung: Books on Demand GmbH, Norderstedt Germany
ISBN: 978-3-640-85881-1

Dieses Buch bei GRIN:

http://www.grin.com/de/e-book/30980/der-glaeserne-mensch

GRIN - Your knowledge has value

Der GRIN Verlag publiziert seit 1998 wissenschaftliche Arbeiten von Studenten, Hochschullehrern und anderen Akademikern als eBook und gedrucktes Buch. Die Verlagswebsite www.grin.com ist die ideale Plattform zur Veröffentlichung von Hausarbeiten, Abschlussarbeiten, wissenschaftlichen Aufsätzen, Dissertationen und Fachbüchern.

Besuchen Sie uns im Internet:

http://www.grin.com/

http://www.facebook.com/grincom

http://www.twitter.com/grin_com

Der Gläserne Mensch

Autoren:
Matthias Block (Seiten: 1-17)
Timo Bunger (Seiten: 19-34)

Studiengang: Diplom- Informatik
Fachsemester: 05
Seminar: Ethische Fragen der Informatik

Abstract

Dieses Referat soll klären wie Datenschutz in Deutschland bewertet werden kann. Die Grundaussage oder -frage stellt sich bereits im Titel: „Der gläserne Mensch". Um eine Bewertung des Lesers zu ermöglichen werden Rechtsprechung und konkrete Datenerhebungen besprochen. Darüber hinaus wird basierend auf den Erkenntnissen ein ethischer Zusammenhang dieses Themas erläutert.

Inhaltsverzeichnis

1. Einleitung

1.1 Grundsätzliches

Bevor wir mit der Ausarbeitung des Themas beginnen ist von uns eine grundlegende Bemerkung zur Verwendung der Begrifflichkeiten zu machen. Für unseren Vortrag ist der Begriff Überwachungsstaat bzw. „Der Gläserne Mensch" als äquivalent anzusehen. Also immer wenn wir von Überwachungsstaat sprechen, ist ebenso vom Leitthema „Der Gläserne Mensch" die Rede. Wir sind der Meinung das der Begriff Überwachungsstaat eindeutiger in seiner Aussage ist, beziehungsweise den Kern dieser Arbeit besser beschreibt. Darüber hinaus schließen wir uns mit dieser Formulierung dem Tenor der einschlägigen Literatur an, in denen dieser Begriff ebenfalls seine Verwendung fand.

Neben der Verwendung der Begrifflichkeiten soll außerdem zu ihrer Bedeutung und Aussagekraft Stellung genommen werden. In unseren Ausführungen weisen wir durchaus auf Tendenzen hin, die zum Überwachungsstatt hinführen könnten. Dennoch ist der Titel Gläserner Mensch bzw. Überwachungsstaat sehr plakativ und sollte eher mit einem Fragezeichen versehen sein.

Mit diesen ersten Erläuterungen ist ebenfalls die Eingrenzung des Themas klar geworden. Wir wollen uns der politischen Annäherung an das Thema „Der Gläserne Mensch" widmen. Das bedeutet, das wir zum Anfang der Ausarbeitung die rechtlichen Rahmenbedingungen des Staates zur Informationserhebung erklären. Danach widmen wir uns konkreten Anwendungsfällen staatlicher Informationserhebung. Basierend auf diesen Erkenntnissen wird dann versucht einen ethischen Zusammenhang des Themas wiederzugeben. Als Abschluss stellt der Fazitteil die Haupterkenntnisse nochmals zusammen und erläutert eine mögliche Zukunft des Datenschutzes und der Informationserhebung. Das Fazit soll darüber hinaus zur Diskussion anregen.

1.2 Das Thema

Der Schriftsteller George Orwell (1903- 1950) erschuf mit seinem Buch „1984" bereits Anfang der 50er Jahre ein erstes „Horrorszenario" von der Zukunft der menschlichen Zivilisation innerhalb eines totalitären Überwachungsstaates. Aus heutiger Sicht haben sich Orwells düstere Visionen zwar nicht konkret bestätigt, doch ist seine Prognose eines umfassend überwachten Staatsbürgers ohne geschützte Privatsphäre („Big Brother is watching you") in einer manipulierten Gesellschaft im Medienzeitalter aktueller denn je.

Wie viele Stellen es sind, die personenbezogene Daten über einzelne Subjekte erheben kann nicht genau beantwortet werden. Bereits mit ganz alltäglichen Vorgängen wie die Anmeldepflicht wird bereits bei den Gemeinden und seinen verschiedenen Ämtern damit begonnen einzelne Daten zu sammeln. Ziel und Forderung des Datenschutzes und des Datenschutzgesetzes ist es, die Transparenz im Umgang mit den Daten zu gewährleisten. Das Ziel dieses Referats ist einen Einblick in die Politik der Datenerhebung des Staates zu geben. Einige Punkte können aufgrund der Vorgaben was Länge des Referats angeht, jedoch nur grob wiedergegeben werden.

2. Die rechtlichen Rahmenbedingungen des Datenschutzes bzw. der Datensammlung in der Bundesrepublik Deutschland

In diesem Teil des Referats möchten wir auf die Gesetzgebung der Bundesrepublik zum Thema Datenschutz eingehen. Die Rechtslage in diesem Bereich fristet in vielen Punkten eine Art Schattendasein. Bisher haben die Gerichte es nicht geschafft eindeutige Regelungen zu gestalten, die der rasanten technischen Entwicklung in der Informationsgesellschaft gerecht werden. Eine Zunahme der Gefahren für den einzelnen ist hier nicht von der Hand zu weisen. Im folgendem geben wir einen Einblick in die grundsätzlichen Datenschutzprinzipien. Diese werden von uns zum Großteil über die Anlehnung an das RIS (Recht auf informationelle Selbstbestimmung) wiedergegeben.

2.1 Grundsätzliches

2.1.1 Der Sinn und Zweck der Datenerhebungen für den Staat

Welchen Zweck haben Datenerhebungen? Im besonderem Maße dienen diese beispielsweise verschiedenen politischen Entscheidungen des Staates. Ökologische, sozialpolitische und ökonomische Information werden verfügbar gemacht, um dem Staat in seiner planerischen Rolle zu unterstützen. Diese wären beispielsweise quantitative Daten über die

Zusammensetzung und soziale Struktur der Bevölkerung. Aber auch Statistiken über Milch-, Tabak- oder Benzinverbrauch sind von Bedeutung. Dadurch soll im planerischen Handeln des Staates eine moderne Wirtschaft-, Sozial-, Bildungs- oder Umweltschutzgebung gewährleistet werden. Diese Form der Datenerhebung nennt man statistische Datenerhebungen. Neben den statistischen Datenerhebung gibt es allerdings weitere Ansätze des Staates. Daten für die Aufgaben des Verwaltungsvollzugs (beispielsweise die des Arbeitsamtes) sind nötig um den betroffenen Bürger, die verschiedenen Zuwendungen zukommen zu lassen, die ihm zustehen. Im Zusammenhang mit Daten des Verwaltungsvollzugs gibt es auch die Erforderlichkeit von Datenerhebungen seitens des Verfassungsschutzes und des Polizeiapparats. Ihre Aufgabe ist es die Bevölkerung zu schützen aber auch die Grundpfeiler der Verfassung Deutschlands zu erhalten.

2.1.2 Die Bedeutung des Datenschutzes

Datenschutz lässt sich als Schutz der Bürger vor Schäden definieren, die ihm aus der Ansammlung und der missbräuchlichen Verwendung in seinem Persönlichkeitsrecht entstehen können. Unsere heutige Gesellschaft ist durch ein hohes Niveau neuer Informations- und Kommunikationstechniken geprägt. Hohe Speicherkapazitäten, neue Übertragungsmedien sowie hohe Verarbeitungsgeschwindigkeiten über große Entfernungen ermöglichen es, große Datenmengen zu sammeln bzw. zu verarbeiten. Insbesondere in den neuen Möglichkeiten der technischen Verarbeitung stecken Gefahren. Durch die Kombination verschiedener Datenbestände können sehr detaillierte und umfassende Rückschlüsse auf z. B. individuelle Lebensgewohnheiten einer Person gezogen werden. Diese Entwicklung und die gleichzeitig wachsende Nachfrage von Daten sind mit einer Vielzahl von rechtlichen Problemen verbunden. Das Bundesverfassungsgericht und der Gesetzgeber mussten sich mit diesen neuen Entwicklungen befassen.

2.2 Konkrete Rechtsprechung

2.2.1 Das Volkszählungsurteil des Bundesverfassungsgerichts

Die rechtlichen Rahmenbedingungen des Datenschutzes wollen wir anhand des Volkszählungsgesetzes erklären. Kernelement unserer Ausführungen wird das daraus resultierende RiS (Recht auf informationelle Selbstbestimmung) sein.

Das 1982 erstellte „Gesetz über eine Volks-, Berufs-, Wohnungs- und Arbeitsstättenzählung" des Staates verfolgte im wesentlichen folgende Ziele:

- Abgleich mit dem Melderegister
- Staatliche Planung
- Wissenschaftliche Ziele

Anfang 1983 wurde darauf von verschiedenen Bürgern Klage eingereicht. Hauptargumente waren der Vorwurf einer Verletzung der Bekenntnisfreiheit, Meinungsfreiheit, des Persönlichkeitsrechts und der Unverletzlichkeit der Wohnung. Am 15.12.1983 hatte das Bundesverfassungsgericht im Volkszählungsurteil jedoch entschieden, alle Klagen abzuwehren und die Datenerhebung grundsätzlich zu erlauben, da das Gesetz nach Aussagen des Bundesverfassungsgerichtes im Interesse der Allgemeinheit steht.

Lediglich mit der Erstellung des RiS (Recht auf informationelle Selbstbestimmung) reagierte man auf die Beschwerde einer zunehmenden Unterdrückung des Persönlichkeitsrechts.

Das „Recht auf informationelle Selbstbestimmung", kurz RiS, ist eine Konkretisierung des allgemeinen Persönlichkeitsrechts. Das Persönlichkeitsrecht sichert die Fähigkeit eines jeden Menschen zu einer eigenverantwortlichen Lebensgestaltung.

2.2.2 Das Recht auf informationelle Selbstbestimmung (RIS)

Der Kerngehalt des RiS wird folgendermaßen beschrieben: „Grundsätzliche Verfügungsbefugnis über persönliche Daten als Bedingung autonomer Verhaltenssteuerung" [1]. Oder anders formuliert:

Jeder der Einzelne soll auf seine Umgebung einwirken, indem es ihm ermöglicht wird darüber zu entscheiden, ob, wo, wann, wie und in welchen Beziehungen er sich selbst in seiner sozialen Umwelt darstellen will.

Der Schutz der Entscheidungsfreiheit beinhaltet folgende Annahmen. Jeder in einer Gesellschaft aktive Bürger, sei es als Ehemann, Arbeitnehmer, Vereinsmitglied, Kassenpatient etc soll seine Entscheidungen „frei", „autonom", „selbstbestimmend" und „eigenverantwortlich" treffen können. Er soll also über die Preisgabe und Verwendung von seinen persönlichen Daten entscheiden können. Die Preisgabe und Verwendung von persönlichen Daten beinhaltet alle Phasen der Datenerhebung und Datenverarbeitung. Also das Speichern, Übermitteln, Verändern und Löschen von Daten. Dieses setzt darüber hinaus einen weiteren Punkt voraus. Denn ohne das Wissen über die Daten, welche über eine bestimmte Person gesammelt werden, ist eine Selbstbestimmung nicht möglich. Die Transparenz über die gesammelten Daten ist also nötig um eine Bewertung durch die betroffenen Personen zu gewährleisten um daraus resultierend das Recht der Entscheidungsfreiheit in Anspruch nehmen zu können. Das RiS ist Teil der verschiedenen Kommunikationsgrundrechte wie der Versammlungs-, Demonstrations- oder Vereinigungsfreiheit. Mit Hilfe des RiS wird also die Mitwirkungsmöglichkeit des Einzelnen in Angelegenheiten der res publica, also die Bedeutung der Urteilskraft und der Aktivität der Bürger für den politischen Willensbildungsprozess gewährleistet. Das Einräumen dieses Rechts seitens der Gesetzgebung wird als „Chance zur Identifikation"[1] des Bürgers mit der Demokratie bezeichnet.

2.2.2.1 Informationelle Selbstbestimmung des Bürgers vs. Allgemein- interesse des Staates

Das RiS unterliegt in einigen Punkten den Freiheitsbeschränkungen der staatlichen Gewalt. Damit soll zum Ausdruck gebracht werden, das es dem Staat ermöglicht wird unter bestimmten Voraussetzungen die informationelle Selbstbestimmung des einzelnen Bürgers einzuschränken, sofern sie dem Allgemeininteresse dient. D.h. der Staat muss einen legitimen Erhebungsgrund im Sinne eines Allgemeininteresses vorlegen können.

Daten, die im Sinne des Allgemeininteresses erhoben werden können werden als Daten mit Sozialbezug bezeichnet. Davon ausgeschlossen sind Daten die „unzumutbare intime Angaben" beinhalten. Dieser Grundsatz betrifft in erster Linie innerpsychische Tatsachen. Diese innerpsychischen Tatsachen stellen die individuellen Überzeugungen (beispielsweise politischer Art) der verschiedenen Personen dar. Aber auch in diesem Punkt behält es sich der Staat vor, einige innerpsychische Tatsachen vom Schutz des Gesetzes auszuschließen. So sind Glaubensüberzeugung oder die Gewissenentscheidung gegen den Kriegsdienst wiederum Daten, die aufgrund des Sozialbezugs erhoben werden dürfen. Darüber hinaus wird sogar im Falle der Kriegsdienstverweigerung vom Staat verlangt die Beweggründe dafür offen zu legen.

Daten der Intimsphäre sind in der heutigen Gesetzgebung besonders geschützt. Die Preisgabe gilt für die Bürger einer Gesellschaft als unzumutbar. Diese Daten der Intimsphäre sind beispielsweise Angaben über das Sexualverhalten eine Person. Aber auch hier gibt es die nötigen Nischen in der Gesetzgebung, die es ermöglichen, Daten der Intimsphäre zu erheben. Denn bei der Notwendigkeit der Feststellung einer Vaterschaft, als Beispiel, kann keineswegs das gesamte geschlechtliche Verhalten des Betroffenen gegen die Offenbarungspflicht geschützt werden.

2.2.3 Weitere wesentliche Schutzfunktionen des Datenschutzes

2.2.3.1 Grundsatz der bereichspezifischen und präzisen Zweckbestimmung

Ein weiterer Aspekt der gesetzlichen Eingriffsermächtigung in die informationelle Selbstbestimmung des Individuums sind die Grundsätze der bereichspezifischen und präzisen Zweckbestimmung. Die bereichsspezifische Selbstbestimmung sieht die Einschränkung vor, die von einer Behörde gesammelten Daten zu einer Person, automatisch an andere Verwaltungen weiterzugeben. Also vom alten Grundsatz „Einheit der Staatsgewalt" abzusehen. Jedoch ist dieser grundsätzlich gewährte Rechtschutz in einem Konflikt mit dem Amtshilfegesetz. Diesen Punkt soll deshalb näher diskutiert werden. Erst einmal wird der Begriff der Amtshilfe näher erläutert. Unter Amtshilfe versteht man die Übermittlung von Daten eines Amtes an ein andere Behörde, auf deren ersuchen zur eigenen Zweckverfolgung. Dadurch findet ein Ausgleich bestehender Informationsgefälle zwischen den Behörden statt. Der Datenschutz hingegen sieht sich in der Pflicht Kommunikationsbarrieren zwischen den verschiedenen Verwaltungsorganen aufrechtzuerhalten. Es gilt also die Interessen der Datenschützer und die Rechte der Verwaltungsressorts zu waren, sowie eine sinnvolle gesetzliche Rahmenbedingung zu schaffen. Hier steht im besonderem ein Aspekt zur Diskussion. Dieser stellt die Frage, ob jede personenbezogene Informationsweitergabe zwischen verschiedenen Ämtern, ohne die Einwilligung des Betroffenen, als Eingriff in die grundrechtlich geschützte Privatsphäre gilt. Die Beantwortung dieser Frage ist durch zwei verschiedene Ansätze möglich. Zum einen wird vorrausgesetzt, das mit Hilfe einer vernünftigen und weitreichenden Eingrenzung der behördlichen Informationspraxis und unter Zuhilfenahme von Geheimnisbereichen individuell, also im Einzelfall das Recht auf Geheimnisschutz gewährleistet wird. Ein anderer Ansatz setzt voraus, das jeder auskunftspflichtige und –erteilende Bürger davon ausgeht, das seine Daten nur für den bekannten Zweck verwendet werden. Grundsätzlich ist also die Weitergabe on Informationen an dritte durch die Verwaltungsorgane gesetzlich zu untersagen. Zusammengefasst kann allerdings gesagt werden das es entgegen dem Grundsatz des Verbots der Weitergabe von persönlichen Daten zwischen verschiedenen Ämtern (also Amtshilfe), immer eine Möglichkeit des Staates gibt diese Amtshilfe doch zu gewährleisten. Diese muss jedoch mit der Vorlage eines größerem Allgemeininteresse gegenüber dem Einzelinteresse begründet werden.

Der Grundsatz der präzisen Zweckbestimmung hingegen sieht unter anderem vor, das jeder Bürger aus der gesetzlichen Regelung klar erkennen kann „für welche konkreten Zwecke des Verwaltungsvollzuges seine personenbezogenen Daten bestimmt und erforderlich sind"[1]. Darüber hinaus spielen jedoch in Bezug auf die präzise Zweckbestimmung weitere Anforderungen eine große Rolle. Es muss eine so konkrete Zweckbestimmung erfolgen, dass ein Urteil darüber möglich ist:

- ob die Informationserhebung bzw. –verarbeitung zur Zweckerreichung überhaupt tauglich ist (Geeignetheitstest)
- ob die Informationserhebung über das notwendige Maß hinausgeht (Erforderlichkeitstest)

Besonders auf den Erforderlichkeitstest ist großer Wert zu legen. Denn bereits die Bereitstellung eines Datenbestandes bei einem möglichen Abruf, beispielsweise um den Verwaltungsvollzug verschiedener Ämter zu erleichtern, gilt als Datenübermittlung und damit als Datenverarbeitung.

2.2.3.2 Das Verbot der Sammlung auf Vorrat

Ein weiterer Grundsatz der präzisen Zweckbindung ist das Verbot der Sammlung personenbezogener Daten auf Vorrat. Dieser Grundsatz gilt nicht für die Erhebung von Daten zu statistischen Zwecken, sondern für die Sammlung von Daten zum Verwaltungsvollzug. Ein Gebot welches diese Forderung unterstützt ist der Grundsatz des Mindesteingriffs (Erforderlichkeitstest), welcher bereits erläutert wurde. Jedoch ist dieses Verbot in der Praxis nicht zu 100% durchsetzbar. Denn um die verwaltungstechnischen Aufgaben der einzelnen Ämter zu erleichtern gibt es im gewissen Sinne doch eine Datensammlung auf Vorrat. Diese Art der Informationsspeicherung, sei es auf Listen, Karteien, Akten etc. soll dem Zweck dienen, Daten für zukünftige Gebrauchsfälle rasch verfügbar zu machen. Der genaue Grundsatz dieses Verbots verweist deshalb auf den Umstand, das ein zukünftiger Bedarfsfall gesetzlich klar umschrieben werden muss, um personenbezogene Daten (quasi auf Vorrat) speichern zu können. Dadurch soll aber verhindert werden, Daten „für alle Fälle" anzusammeln. Im Grunde genommen ist der Grundsatz dieses Verbots keine eigenständige Vorgabe, sondern vielmehr gekoppelt an die Grundsätze der bestimmten Zweckbindung.

2.2.3.3 Das Verbot der Erstellung von Persönlichkeitsbildern

Eine weitere gesetzliche Vorgabe ist das Verbot der Herstellung von Persönlichkeitsbildern. Dabei wird das totale und partielle Persönlichkeitsbild oder –profil unterschieden. Grundsätzlich bedeutet die Profilerstellung „das systematische Erheben von Informationen über eine Vielzahl von Lebensbereichen des Betroffenen durch rechnerunterstützte Ausschöpfung von Informationsquellen"[1]. Die Erstellung von Teilabbildern einer Person ist vom Gericht ebenfalls als verfassungswidrig erklärt worden. Grundlage des Verbots zur Herstellung von Persönlichkeitsprofilen ist die besondere Schutzbedürftigkeit gemäß der informationellen Selbstbestimmung. Die Bewertung dieses Gesetzes als solches wirft ebenfalls mehrere Fragen auf. Denn es gibt bereits eine Vielzahl von Sammlungen persönlicher Daten des Staates, wie die Eintragungen in das Bundeszentralregister, mit denen es möglich wäre Persönlichkeitsbilder, oder Teilabbilder zu erstellen. Diese sind wieder nach dem Gemeinwohlprinzip des Staates gerechtfertig. Wo beginnt also die Grenze einer menschenwürdeverletzenden Persönlichkeitsabbildung? Können Ämter des Verfassungsschutzes gemäß ihrer Aufgabenbeschreibung das politische Verhalten möglicher „Verfassungsfeinde" registrieren und unter dem Deckmantel des Allgemeinwohls legitimieren? Auch hier gibt die Gesetzgebung keine eindeutigen Antworten. Folgende Grundsätze haben bisher Geltung:

- Die Herstellung vollständiger oder nahezu umfassender Persönlichkeitsbilder verstößt in jedem Falle gegen das RiS
- Für die Herstellung partieller Persönlichkeitsbilder (Reisebewegungen, Profile politischen Verhaltens etc.) kann unter „Umständen" gegen das Persönlichkeitsrecht verstoßen werden.

2.2.3.4 Die Transparenz und Veränderbarkeit von Daten

Ein weiterer wichtiger Teil des Datenrechtschutzes bzw. der informationellen Selbstbestimmung ist die Gewährleistung des Protokollierungs-, Berechtigungs-, Sperrungs-, Löschungs,- Aufklärungs-, und Auskunftsmöglichkeiten. Dem Bürger soll die Möglichkeit gegeben werden auf Nachfrage erfahren zu können, welche Daten wo über ihn gespeichert sind. Des weiteren hat er das Recht auf die Berichtigung falscher Daten oder ihrer Löschung zu bestehen. Auch der Weg einzelner Daten über eine Person sollte für den jeweiligen Betroffenen nachvollziehbar sein. Jedoch können auch hier, beispielsweise im Sicherheitsbereich, Gemeinwohlgründe des Staates diese Möglichkeiten ausschließen.

2.2.3.5 Datenschutzbeauftragte

Unabhängige Datenschutzbeauftragte sollen jedem Bürger die Möglichkeit einer verfassungsrechtlichen Absicherung geben um sein RiS zu wahren. Diese Datenschützbeauftragten dienen dem Zwecke und der Verwirklichung des Grundsatzes „lückenlosen, effektiven, individuellen Rechtsschutz gegen Beeinträchtigungen durch die öffentliche Gewalt zu garantieren".[zitiert Gutachten S. 310] Auch hier ist die Ausgestaltung der Rechtsstellung eines Datenschutzbeauftragten nicht detailliert vom Gericht beschrieben.

3. Die aktuelle Entwicklung des deutschen Datenschutzes- Der Datenschutz in der Bewährung?

3.1 Grundsätzliche Entwicklung bzw. die Notwendigkeit einer Reformierung des Datenschutzes allgemein

Das Datenschutzrecht bedarf einer grundsätzlichen Neuerung um den neuen Datenverarbeitungstechniken Rechnung tragen zu können. Es wird nicht lange andauern bis keine eindeutige Aussage mehr darüber gemacht werden kann, welche Daten in welchen Gegenständen gespeichert sind und zwischen ihnen übertragen werden. Für diese Art der Technologie, die in Zukunft auf uns zukommen wird, ist das jetzige Recht quasi ungeeignet. Es wird nämlich nicht mehr darum gehen einzig und allein die Überwachung des Einzelnen durch den Staat zu regeln, sondern vielmehr die alltägliche Umgebung mit all ihren technisierten Gebrauchsgegenständen werden im Mittelpunkt der Betrachtung stehen müssen. Im Blickpunkt würde da beispielsweise die Möglichkeit sein, das elektronische Gedächtnis dieser Gebrauchsgegenstände anzapfen zu können und die dadurch zum Vorschein kommenden Daten unrechtmäßig nutzen zu können. Ein wichtiger Teil der technologischen Entwicklung ist da natürlich auch das Internet.

Seit dem 11. September 2001 ist nach Meinung vieler Experten der effektive Schutz der informationellen Selbstbestimmung immer wichtiger geworden. Es hat den Anschein das in

Folge der Terroranschläge in den USA immer mehr Politiker versuchten sich in Vorschlägen zur Einschränkung des Datenschutzes gegenseitig zu überbieten.

„Datenschutz als wesentliche Ursache der Terroranschläge??? "

Der Schockzustand der Gesellschaft trug sicherlich dazu bei, weitreichende Forderungen der Sicherheitsbehörden zur Befugniserweiterung gesetzlich abzusegnen. Jedoch sollte nicht unbeachtet bleiben, das die meisten Forderungen nach Gesetzesentwürfe bereits vor dem 11. September erhoben wurden.

3.2 Aktuelle Gesetzgebung

3.2.1 Das Gesetz zur Bekämpfung des internationalen Terrorismus

Das Terrorismusbekämpfungsgesetz, wie selbst Innenminister Otto Schily einräumte, ist unter erheblichem Zeitdruck unter ohne gründliche Beratung der Verantwortlichen am 14. Dezember 2001 vom Bundestag beschlossen worden und trat am 1. Januar 2002 in Kraft.

Ein Teil dieses Gesetzes beinhaltet neue Befugnisse des Bundes und der Länder sowie des militärischen Abschirmdienstes. Diese können von Kreditinstituten, Finanzdienstleistern und Luftfahrtunternehmen Auskünfte über deren Kunden verlangen, sofern Anhaltspunkte schwerwiegende Gefahren durch Spionage und terroristische Bestrebungen vorliegen. Selbst ohne derartige Anhaltspunkte können die Geheimdienste darüber hinaus Auskünfte von Telekommunikations-, Teledienst-, und Postdienstanbietern verlangen. Die befragten Unternehmen sind zwar nicht zur Auskunft verpflichtet, jedoch können diese auf Antrag des Leiters der Verfassungsschutzbehörde durch den Bundesinnenminister angeordnet werden. Das Besondere an diesem Gesetzesentwurf ist vor allem die Tatsache das der Betroffene, über den Daten erhoben wurden nicht davon in Kenntnis gesetzt wird. Ohne das Wissen über die erhobenen Daten, ist es dem Betroffenen damit nicht möglich, die Rechtmäßigkeit des Vorgehens gerichtlich zu überprüfen. Damit ist Grundrecht auf Rechtsschutz als Kernbestandteil des Rechtsstaatprinzips eingeschränkt. Dieses wiederum ist mit der Rechtssprechung des Bundesverfassungsgerichts nur schwerlich zu vereinbaren.

Obwohl verschiedene Mobilfunkbetreiber Bedenken der technischen Realisierung geäußert hatten ist ein weiterer Hauptbestandteil des neuen Gesetzes die Möglichkeit des Einsatzes von sogenannten IMSI- Catchern. Diese ermöglichen die Überwachung des Mobilfunkverkehr, insbesondere zur Feststellung von Geräte- und kartennummern. Auch die genaue Standortfestlegung von Mobilfunkteilnehmern ist möglich.

Die Option auf eine Änderung des Pass- und Personalausweisgesetzes ist ebenfalls verabschiedet worden. Es kann eine Aufnahme biometrischer Merkmale (Fingerabdruck,...) in den Personalausweis durch den Gesetzgeber vorgeschrieben werden.

Auch eine Verschärfung des Ausländergesetztes stellt eine einschneidende Änderung des Terrorismusbekämpfungsgesetztes dar. Während die Gesetzgeber über die Aufnahme biometrischer Daten in Ausweisen bei „Deutschen" entscheiden, kann bei „Ausländern" vom Bundesinnenminister alleine darüber entschieden werden. Diese Regelung ist nicht direkt nachvollziehbar. Denn das Grundrecht auf Datenschutz steht Deutschen und Ausländern gleichermaßen zu. Des weiteren ist es bei Ausländern bald möglich sein Sprachaufzeichnungen durchzuführen um deren Herkunftsland oder –ort zu bestimmen. Es ist also möglich einen Datenbestand mit Sprachaufzeichnungen aller in Deutschland lebender Ausländer zu schaffen.

Die erweiterten Befugnisse der Geheimdienste und des Bundeskriminalamtes sind auf fünf Jahre begrenzt. Viele Experten bezweifeln allerdings ob dieses Gesetz überhaupt einen effektiven Beitrag zur Terrorismusbekämpfung leisten wird. Darüber hinaus lässt das Gesetz die notwendige Abwägung zwischen Freiheitsrechten der Bürger einerseits und den Sicherheitsanforderungen der Staates andererseits vermissen. Nicht wenige sehen in diesem Gesetz die Verwirklichung des Ziels eines neuen Überwachungsstaates.

3.2.2 Die Fernmeldeüberwachung

Diese setzt die Rahmenbedingungen von Fernmeldeüberwachungen des Staates. Folgende Zwecke stehen bei der Fernmeldeüberwachung im Mittelpunkt:
- die Verfolgung schwerer Straftaten
- die Bekämpfung verfassungswidriger Bestrebungen
- die Spionageabwehr
- die Kontrolle illegaler Waffenexporte

Entscheidend dabei ist aber, das die heimliche Überwachung der Telekommunikation nur im Rahmen enger rechtlicher Grenzen stattfinden. Das bedeutet, nur bei einem Verdacht einer schweren Straftat darf der Einsatz einer Fernmeldeüberwachung erfolgen. Jedoch wird gerade in diesem Punkt von mehreren Datenschützern Kritik geübt . Denn ihrer Meinung nach wird dieses Gebot mittlerweile sehr leichtfertig von den Verantwortlichen beachtet. Fakt ist das innerhalb von 3 Jahren zwischen 1997 und 2000 die Anzahl der richterlichen Abhöranordnungen verdoppelt hat.

3.2.3 Gesetz zu Artikel 10 Grundgesetz

Im Juni 2001 hat der Bundesgesetzgeber durch das Gesetz zur Neuregelung von Beschränkungen des Brief,- Post,- und Fernmeldegeheimnisses (Artikel 10 Gesetz) die Bestimmungen der Telekommunikations-, Brief-, und Postüberwachung für die einzelnen Verfassungsschutzbehörden neu beschlossen. Neben einigen Behebung der verfassungsmäßigen Mängel (insbesondere die verdachtlose Rasterfahndung) des alten G10 Gesetzes sind jedoch viele Unzulänglichkeiten bezüglich des Verfassungs- und Datenrechts außer Acht gelassen worden. So wurde die Berichtspflicht gegenüber dem parlamentarischen Kontrollgremium und dem Bundestag kaum Berücksichtigt. Auch die Erweiterung der Überwachungsbefugnisse auf in Frage kommende Täter außerhalb von Staatschutzdelikten verstößt gegen das verfassungsrechtliche Gebot der Trennung von Nachrichtendienst und Polizei. Auch die Pflicht einer nachträglichen Benachrichtigung der überwachten Person wird nicht vorgeschrieben, sofern auch 5 Jahre nach Ende der Überwachungsmaßnahme ein Zusammenhang dieser Person mit einer möglichen Straftat nicht ausgeschlossen werden kann. Auch hier ist der dadurch ausgeschlossene aber grundgesetzlich garantierte Rechtschutz des Betroffenen nicht gegeben und somit Verfassungswidrig. Ein grundlegend neues Gebot des G10 ist die Ausweitung der Eingriffs- und Übermittlungsbefugnisse der Nachrichtendienste um der technischen Entwicklung gerecht zu werden. Dies wird durch den Einsatz von Sprachdatenbanken und Suchbegriffen, die einen Überwachungsvorgang automatisch auslösen können, gewährleistet.

3.2.4 Die Telekommunikationsüberwachungsverordnung

Zur Unterstützung der Überwachungsbefugnisse in technischer Hinsicht wurde im Oktober 2001 die Telekommunikationsüberwachungsverordnung beschlossen. Grundlegende Aufgabe dieses Beschlusses ist die Verordnung zur Einrichtung von Überwachungsschnittstellen, welche bei vorliegen einer entsprechenden richterlichen Anordnung oder unter der

Vorraussetzung des G10 Gesetzes die Überwachungen der Telekommunikation auf technischer Seite ermöglichen sollen. Nach diesem Beschluss sind die Lizenzpflichtigen Anbieter von Telekommunikationsdienstleistungen, also die Betreiber von Fest- und Mobilfunknetzen aber auch Anbieter Internetdiensten dazu verpflichtet die geforderten Überwachungsschnittstellen einzurichten. Alle Betreiber von kleineren Verbindungsnetzen mit höchstens 1000 Teilnehmern sind aus Gründen der Verhältnismäßigkeit nicht verpflichtet ständige Schnittstellen einzurichten. Jedoch können auch diese durch eine Anordnung im Einzelfall dazu aufgefordert werden. Die Tatsache der geschaffenen Möglichkeit zur Überwachung des Internets wiederspricht wiederum der Grundentscheidung der Gesetzgebers im Multimediarecht. Dieses Recht sieht in dem Zugang zum Internet einen anmelde- und zulassungsfreien Mediendienst. Darüber hinaus ist bedenklich, das es technisch bereits möglich ist, den gesamten Internetverkehr zu überwachen. Selbst das bloße Surfen im Internet würde dadurch nicht mehr anonym bleiben. Die durch dieses Gesetz geforderte technische Infrastruktur schießt also über das Maß der Beobachtung von Kommunikation weit hinaus.

3.2.5 Die Nachfolgeregelung zu §12 des Fernmeldeanlagengesetz

Die Neuregelung des Artikel 12 des Fernmeldeanlagengesetzes sollte eigentlich den Schutz von Verbindungsdaten bzw. den Inhalten von Telefongesprächen verbessern. Denn die bisherigen Datenerhebungen von Verbindungsdaten durch die zuständigen Behörden waren als ein Eingriff in das Fernmeldegeheimnis verfassungsrechtlich problematisch. Das Fernmeldegeheimnis schützt den Inhalt eines Telefonats oder einer E-Mail, sowie die Verbindungsdaten der Teilnehmer dieser Kommunikation. Dem Vorwurf der Verfassungswidrigkeit seitens der Datenschützer wurde mit der Nachfolgeregelung allerdings nicht Rechnung getragen. Nach wie vor ist es zulässig die Telekommunikationsanbieter zur Ausgabe von Verbindungsdaten aufzufordern, obwohl die inhaltliche Datenerhebung der Kommunikation gar nicht zulässig ist. Die Meinung der Datenschützer ist, dass die Erhebung von Verbindungsdaten (wer, wann, wie lange, mit wem) ein nicht minder schwerer Eingriff in den Schutzbereich ist wie das Abhören oder Einsehen der Kommunikation selbst. Die neuen Pflichten zur Erteilung von Auskünften über Verbindungsdaten sind vorerst bis zum 1. Januar 2005 befristet.

3.2.6 Der große Lauschangriff

Ein großes Kapitel in der Geschichte des Datenschutzes ist ohne Frage die Gesetzgebung zur Einführung des Lauschangriffes, als Abhörmöglichkeit des Staates im Kampf gegen das organisierte Verbrechen. Die Einigung auf benötigte Richtlinien fand auf der 44. Konferenz der Datenschutzbeauftragten des Bundes im Oktober 1992 statt. Demnach ist es in keinem Fall zulässig:

- Geistliche bei seelsorgerischen Gesprächen
- Strafverteidiger bei Erörterungen mit Mandanten
- Mitglieder des Bundestags, eines Landtags oder einer zweiten Kammer in ihrer Eigenschaft als Abgeordnete

Abzuhören. Allerdings stehen dem gegenüber mehrere Möglichkeiten der „Belauschung", welche am besten mit der Zitierung des zugrundeliegenden Gesetzesentwurfs erklärt werden können.

Auszug aus dem Gesetzestext § 100c Strafprozessordnung

Absatz 1 Nr 3

"darf das in der Wohnung nichtöffentlich gesprochene Wort des Beschuldigten mit technischen Mitteln abgehört und aufgezeichnet werden, wenn bestimmte Tatsachen den Verdacht begründen, daß jemand [... es folgt der Strafkatalog ...] begangen hat und die Erforschung des Sachverhalts oder die Ermittlung des Aufenthaltsortes des Täters auf andere Weise unverhältnismäßig erschwert oder aussichtslos wird.

Absatz 2

"Maßnahmen nach Absatz 1 Nr. 3 dürfen nur in Wohnungen des Beschuldigten durchgeführt werden. In Wohnungen anderer Personen sind Maßnahmen nach Absatz 1 Nr 3 nur zulässig, wenn aufgrund bestimmter Tatsachen anzunehmen ist, daß der Beschuldigte sich in diesen aufhält, die Maßnahme in Wohnungen des Beschuldigten allein nicht zur Erforschung des Sachverhaltes oder zur Ermittlung des Aufenthaltsortes des Täters führen wird und dies auf andere Weise unverhältnismäßig erschwert oder aussichtslos wäre."

4. Konkrete Beispiele von Datensammlungen in der Bundesrepublik Deutschland

Hier möchten wir nur auf einige konkrete Beispiele von Datensammlungen eingehen. Dabei wird das Hauptaugenmerk auf die Erklärung der wichtigsten Datensammlungen gelegt. Es können viele weitere, besonders im internationalen Abschnitt, genannt werden.

4.1 Das Meldewesen des Staates

Das 1980 beschlossene Melderechtsrahmengesetz bildet die Grundlage des heutigen Meldewesens. Das Meldewesen ist für eine funktionierende Verwaltung und die Erfüllung staatlicher Aufgaben notwendig. Die Grundlage des Meldewesens sind das Melderechtsrahmengesetz und die Landesgesetze. Das Meldewesen hat zum einen die Aufgabe, die in der jeweiligen Gemeinde wohnhaften Bürger zu registrieren, um deren Identität und Wohnungen feststellen und nachweisen zu können. Zum anderen hat es die Funktion, Daten an Behörden und sonstige öffentliche Stellen sowie an Personen und Stellen außerhalb des öffentlichen Bereichs zu übermitteln. Folgende Daten werden gespeichert.

- Familiennamen, frühere Namen, Vornamen, Doktorgrad, Ordens-/ Künstlernamen
- Geburtsdatum, Geschlecht, erwerbstätig/ nicht erwerbstätig, gesetzlicher Vertreter
- Staatsangehörigkeiten, Religion, Anschriften (Haupt-/Nebenw.)
- Ein-/Auszugsdatum, Familienstand (evtl. Tag der Eheschließung)
- Ehegatte (Vor-/Familienname, Doktorgrad, Geburt, Anschrift, Sterbetag)
- Kinder bis 27 (s.o.)
- Ausstellungsbehörde, -datum, Gültigkeitsdauer des Personalausweises/ Passes, Übermittlungssperren
- Sterbedatum/-ort
- Vom Wahlrecht ausgeschlossen, steuerrechtl. Daten
- Passversagensgründe, Wehr-/Zivildienstüberwachung

                              - Melderechtsrahmengesetz §2 -

Das Meldewesen wie es heute vorgegeben ist, sollte jedoch durch das 1971 vorgeschlagene Bundesmeldegesetz sehr viele weitreichender in der Datenerhebung ausfallen.

Mit dem 1971 gestellten Antrag auf die Verabschiedung des Bundesmeldegesetzes wurde versucht das Meldewesen so zu verändern, das eine lückenlose Erfassung von Personendaten und deren Verfügbarkeit für alle staatlichen Behörden möglich wäre. Jedoch wurde dieses im Jahre 1976 aufgrund der Verfassungswidrigkeit abgelehnt. Aufgrund der aktuellen Diskussion soll allerdings noch erwähnt werden, das das Meldewesen die Grundlage für die Rasterfahndung des Bundeskriminalamtes zum Datenabgleich darstellt.

4.2 Datensammlungen der Polizei

4.2.1 Inpol

Seit 1972 wird beim BKA in Wiesbaden das großrechnergestützte „Informationssystem der Polizei", kurz Inpol eingesetzt. Inpol sollte ein gemeinsames Informations- und Auskunftssystem für die Polizei mit dem BKA als Zentralstelle schaffen, was allen angeschlossenen Stellen, die seither systematisch vermehrt wurden, den gesamten Bestand der Fahndungsdaten in Form einer Direktverbindung (on line) zugänglich machen sollte. Im Jahre 1981 verabschiedete die zuständige Innenministerkonferenz darüber hinaus DISPOL. Das auf Kabelfasertechnik gestützte DISPOL- System sollte das Datennetz der Polizei quantitativ ausbauen und ein einheitliches Transportsystem für die erhobenen Daten schaffen. Bei der Einführung von Inpol war zunächst die Ausschreibungspraxis der Polizei übernommen. Dies hatte ursprünglich bedeutet, nur überregionale Schwerkriminelle wurden in den EDV-Fahndungsbestand aufgenommen. Jedoch wurde mit fortlaufendem Betrieb von Inpol die eigentliche Unterscheidung nach überregionaler Bedeutung und Deliktschwere nach und nach fallengelassen. Es wurden immer mehr „Bagatellverstöße" gegen bestehende Gesetze wie nicht gezahlte Bußgelder oder Geldstrafen als Anlass genommen eine Personenfahndungsdatei in Inpol anzulegen Bei INPOL muss zwischen INPOL-Bund und INPOL- Land unterscheiden werden. Die Daten werden im Zentralrechner des Bundeskriminalamt und den Rechnern der Landeskriminalämter parallel abgespeichert. Die Zulässigkeit der Erhebung, Verarbeitung sowie Nutzung der personenbezogenen Daten richtet sich nach der Strafprozessordnung und den Polizeigesetzen.

Die Teildatenbanken INPOL-Land werden von den Landeskriminalämtern geführt. In ihnen befinden sich Daten, die lediglich in einem Bundesland verfügbar sein sollen und deshalb nicht in die INPOL-Bund-Datenbank übertragen werden. Eine "Einzelfallabfrage" durch das Bundeskriminalamt und die Polizeibehörden der anderen Länder bleibt dennoch möglich. Jedoch haben die Landesregierungen hier größere Möglichkeiten, ihre datenschutzrechtlichen Konzepte durchzusetzen. Zugriff auf INPOL haben (mit unterschiedlicher Zugriffsberechtigung) alle Vollzugspolizeien der Länder sowie die Polizeibehörden des Bundes (Bundeskriminalamt, Bundesgrenzschutz, Zollkriminalinstitut, die Bahnpolizei und die Hausinspektion des Deutschen Bundestages). Einige Staatsanwaltschaften haben ebenfalls Zugriff auf INPOL, jedoch ist dieser beschränkt. Die grundsätzliche Frage, inwieweit Staatsanwaltschaften und Gerichte auf die polizeilichen Datenbestände zugreifen können, ist noch heftig umstritten.

INPOL-Bund umfasst u.a. die Datenbanken:

- Zentraler Kriminalaktennachweis (KAN). In dieser Datei werden die Kriminalakten solcher Personen erfasst, die im Zusammenhang mit den in § 100a StPO aufgeführten schwereren Straftaten oder als gewerbsmäßige oder überörtliche Straftäter in Erscheinung treten bzw. in Verdacht geraten. Auf diese Weise kann der einzelne Polizeibeamte durch Knopfdruck feststellen, bei welchen Kriminalpolizeidienststellen Akten über eine Person geführt werden.
- Personenfahndung. Die Datei enthält die Namen der Personen, die von Gerichten oder Staatsanwaltschaften zur Festnahme oder Aufenthaltsermittlung gesucht werden, sowie die Namen von Ausländern, die ausgewiesen werden sollen oder für die ein Einreiseverbot besteht. Ferner werden in dieser Datei die Namen der Personen gespeichert, die unter polizeilicher Beobachtung stehen oder der Überwachung der Grenz- und Zollfahndung unterliegen. Bis auf diese beiden letzten Punkte hat jede Polizeidienststelle auf diese Datenbestände Zugriffsrecht.
- Haftdatei gemäß § 4 BKAG.
- Erkennungsdienstdatei. In ihr werden erkennungsdienstliche Unterlagen wie z.B. Lichtbilder, Fingerabdrücke und Personenbeschreibungen gespeichert.
- Sachfahndung. In ihr werden gestohlene Gegenstände (z.B. Autos oder Ausweisdokumente) aufgelistet

4.2.1.1 Das PIOS System

Zu INPOL-Bund gehören die PIOS-Dateien (PIOS = Personen-Institutionen-Objekte-Sachen). Am bekanntesten ist die Datei APIS (Arbeitsdatei PIOS Innere Sicherheit - seit 1. Januar

1986). Daneben gibt es u. a. die Datei APOK (Arbeitsdatei PIOS Organisierte Kriminalität) und APR (Arbeitsdatei PIOS Rauschgift). PIOS ist ein Aktenerschließungssystem um Akteninhalte computergestützt aufzuarbeiten und als „Verdichtungsinstrument" zu operieren. Es wurde Anfang der siebziger Jahre im Zusammenhang mit den Terroranschlägen der RAF entwickelt. In den PIOS-Dateien befinden sich Hinweise über Personen, Institutionen, Objekte und Sachen, die mit dem jeweils beobachteten Bereich in Zusammenhang stehen. Bedenklich ist, das die Bestände sich nicht auf Tatverdächtige beschränken, sondern dass auch Dritte verzeichnet werden, die zufällig im Umfeld beobachtet werden. Reist man z.b. in einem Abteil mit einer terrorismusverdächtigen Person, kann es passieren, dass man in die PIOS-Datei APIS aufgenommen wird.

4.2.1.2 Das Spudock- System

Ein weiterer Bestandteil des Inpol- Bund ist das Spudock- System. Spudock steht hier für Spurendokumente bzw. –dokumentation. In einem Spudock werden alle Angaben, Hinweise, Spuren, Maßnahmen und Ermittlungsergebnisse erfasst, die lediglich zeitlich begrenzt abgespeichert werden dürfen. Allerdings besteht die Möglichkeit diese Daten in das PIOS System „umzuspeichern". Spudock Dateien werden beim BKA, sowie bei den Länderpolizeien erhoben. Darüber hinaus werden auch Dateien unterhalten, die sich speziellen Verhältnissen auf lokaler Ebene anpassen können. So hat man in Göttingen eine umfangreiche Spudock- Datei angelegt, die Personen der Hausbesetzerszene beinhaltete. Die Erfassung der Daten basierte auf Observierungen von „Szene-Kneipen" und politischen Veranstaltungen. Darüber hinaus wurden auf verschiedenen Wegen (über Auto- und Personalkontrollen) ebenfalls die Kontaktpersonen erfasst. Für diese Art der Datenerhebung gibt es weitere Beispiele. So gab es in Hannover eine spezielle „Punker- Datei". Es ist sogar bekannt geworden das rechtlich unzulässige Dateien erhoben wurden. Sogenannte „Rosa Listen" enthielten Umfangreiche Daten über Homosexuelle.

4.2.2 Inpol- Neu

Im April 2001 wurde nach neun Jahren Planung das bundeseinheitliche Polizeiinformationssystem Inpol-Neu in Betrieb genommen. Inpol-Neu sollte die verteilte Datensammlung unterschieden nach Inpol- Land und Inpol- Bund durch den Einsatz einer zentralen Datenbank ersetzen. Ein wichtiger Punkt zur Neuerstellung des Systems waren die fehlenden Kapazitäten von Inpol. Der Forderung seitens Politik eine Gendatenbanken in den

Bestand von Inpol aufzunehmen konnte man mit dem alten Systems nicht mehr gerecht werden. Die neue Struktur von Inpol in Form einer zentralen Datenbank wirft jedoch Lücken im Datenschutz auf. Nicht jede mit diesem System realisierbare Verabreitung personenbezogener Daten ist zulässig. Neben der Eingabe von Information einer Straftat mit Relevanz zum Fall, können darüber hinaus weitere Informationen mit dem neuen system abgespeichert werden. So könnten bestehende Persönlichkeitsrechte umgangen werden. Auch die Zugriffsberechtigungen haben sich verändert. Der neue Aufbau von Inpol- Neu macht einen Zugang auf eine breitere Palette von Daten möglich. So kann das Diebstahldezernat über die relevanten Daten hinaus, die gesamte Akte mit Angaben über bisherige Delikte oder über das Umfeld einer Person einsehen.

Die sogenannten Zugriffsrechte werden in drei Kategorien eingeteilt:

- Zugriffsrecht auf Grundinformation: Relativ eingeschränkte Abfrage zu einer Person. Allerdings die Möglichkeit der Einsicht in Gendatenbank um Eintrag von betroffener Person ausfindig zu machen

- Zugriffsrecht Fall: Alle polizeilichen Ermittler, die im Umfeld des Falls mitarbeiten haben Zugang. Bis auf wenige Ausnahmen wird hier ein vollständiges Persönlichkeitsprofil gegeben.

- Sonderberechtigungsbereiche: Hier sind Geheiminformationen im den Breichen Organisierte Kriminalität, Geldwäsche und innere Sicherheit einsehbar

All diesen Kategorien ist allerdings gemeinsam, daß auf Grund der zentralen Struktur des neuen Systems, praktisch jeder Polizeibeamte Zugriff auf Persönliche Informationen hat.

Diese dürfen allerdings nicht von länderübergreifender, internationaler oder von besonderer Bedeutung sein. Trotz der Einschränkung nach den genannten Bedeutungen ist diese Einsichtmöglichkeit laut Gesetzgebung verboten und somit verfassungswidrig. Darüber hinaus gibt es aber weitere Punkte des Systems, die es ermöglichen gegen bestehendes Recht zu verstoßen. Beispielsweise ist es nur in Einzelfällen erlaubt Daten der Bundesländer mit denen des BKA abzugleichen. Die Arbeitsweise von Inpol- Neu nimmt konzeptionsbedingt diesen Abgleich jedoch in den meisten Fällen vor. Neben den datenschutzrechtlichen Mängeln des Systems gibt es weitere Kritikpunkte. Denn seit der Einführung im Jahre 2001 ist klar geworden, das die Polizei Inpol- Neu zwar theoretisch nutzen kann, praktisch aber der Einsatz diese Systems nicht möglich ist. Hauptgrund ist sicherlich die mangelnde konzeptionelle Qualität des Systems. Weitere Gründe dafür sind die fehlenden Geldmittel. Der ursprüngliche Etat von 50 Millionen Euro müsste um mindestens 75 Millionen erhöht werden, um die fehlenden Endgeräte sowie Ausbilder bezahlen zu können. Die Einführung von Inpol-Neu ist für den Datenschutz, aber auch für die informationserhebende Polizei als ein Misserfolg zu werten. Das Fahndungssystem Inpol- Neu ist eine Millionenpleite.

4.2.3 Andere Abfragemöglichkeiten der Polizei

Die Polizei kann neben der Abfrage ihrer eigenen Datenbestände auch in Datensammlungen anderer nichtpolizeilicher Datenbanken bestimmte personenbezogene Daten abfragen. Die wichtigsten sind:

- ZEVIS: Das zentrale Verkehrsinformationssystem. Diese ist die Datenbank des Kraftfahrtbundesamtes in Flensburg. Mögliche Anfragen der Polizei sind natürlich die Fahrzeughalterermittlung oder die Anfrage einer gültigen Fahrerlaubnis.
- AZR: Das Ausländerzentralregister
- EMD: Die Einwohnermeldedateien

4.2.4 Videoüberwachung

Die Überwachung der Öffentlichkeit mit Hilfe von Videoüberwachungssystemen nimmt in Deutschland stark zu. Über eine halbe Millionen Überwachungsanlagen befinden sich bereits im Einsatz. Der Einsatz von derartigen Kameras geht dabei über das bloße Aufzeichnen von Personen hinaus. Erste Techniken der Gesichtserkennung, aber auch der Analyse von „verdächtigem" und „unverdächtigem" Verhalten werden erprobt. Die Videoüberwachung öffentlicher Einrichtungen, Straßen oder aber auch von Verkehrsmitteln ist ein erheblicher Eingriff in die Persönlichkeitsrechte der Betroffenen Personen. Die Vorraussetzungen für derartige Datenerhebungen sind nach mehreren Gesichtspunkten zu prüfen. Zum einen ist ein Ansatz der Prüfung, ob die durch die Videoüberwachung verfolgten Ziele des Staates nicht mit anderen Maßnahmen zu verwirklichen wären, welche möglicherweise einen geringeren Eingriff in das Grundrecht der betroffenen Personen bedeuten würden. Zum anderen dürfen Überwachungen der Öffentlichkeit nur im Rahmen polizeilicher Tätigkeit erfolgen. Hauptbeweggründe der öffentlichen Überwachung durch Kameras sollen folgende Punkte sein:

- Prävention
- Reduzierung von Kriminalität
- Aufklärung von Straftaten
- Verstärkung des Sicherheitsgefühls in der Bevölkerung

Jedoch bleiben auch hier einige Kritikpunkte erhalten. Grundsätzlich werden durch öffentliche Überwachung personenbezogene Daten erhoben, die mit einem besonderen Verdachtsmoment als legitimes Mittel der Überwachung nichts zu tun haben. Also neben der Überwachung von Drogenabhängigen z.b. werden unzählige Daten unbescholtener Bürger mit erhoben, quasi als nicht beabsichtigtes aber auch nicht unerwünschtes Nebenprodukt. Des weiteren stellt sich die Frage, ob Videoüberwachung die zu lösenden Probleme wirklich in befriedigender Weise in allen Fällen bewältigen kann. Um nochmals zum Beispiel der Überwachung von Drogenabhängigen zu kommen. Die Überwachung dieser Personen würde lediglich einer Verlagerung des Problems, jedoch keine Lösung des Problems bedeuten. Neben den ohnehin schon im Übermaß erhobenen Datenerhebung unbescholtener Bürger, würden des weiteren die neuen Analyseprogramme der Polizei über die Datensammlung hinaus, unter Umständen auch Verdachtsmomente aussprechen. Die Möglichkeit würde beispielsweise im folgendem Fall gegeben sein:

Die Überwachungskamera erfasst eine Person, welche sich „verdächtig" am Bahnhof bewegt. Das Auge der Justiz wirft also einen ersten Blick auf die vermeidlich unbescholtene Person. Diese nämlich wäre am Bahnhof z.B. auf der Suche nach dem richtigen Bahnsteig oder einer bekannten Person. Die Verhältnismäßigkeit einer Beobachtung oder Analyse wäre also nicht gegeben.

4.3 Internationale Informationserhebungen

Neben den konkreten Informationserhebungen in Deutschland wollen wir auch ein Beispiel der internationalen Überwachungsmöglichkeiten geben. Dies wird aus zweierlei Gründen getan. Zum einen sind wir, obwohl diese Datenerhebung nicht von der Bundesrepublik vorgenommen wird, indirekt von weiteren Datenerhebungen betroffen, denn diese Technik wird global eingesetzt. Zum anderen sind wir der Meinung das die Hemmschwelle zur Einrichtung solcher Systeme und der Erstellung ihrer rechtlichen Grundlage in Deutschland sinken kann, wenn verbündete Staaten diese Techniken bereits Jahrelang einsetzten. Also eine Art Initialzündung für weitere Techniken zur Informationserhebung auch in Deutschland. Des weiteren sollen die Möglichkeiten und Ausmaße bereits eingesetzter ausländischer Systeme verdeutlicht werden.

4.3.1 Echelon

Im September 2001 bestätigte die Europäische Union die Existenz des Abhörsystems „ECHELON". Echelon ist ein internationales Projekt ,welches von den Vereinigten Staaten, Großbritannien, Kanada, Australien und Neuseeland betrieben wird. Beim Echelon handelt es sich um ein Verbundnetzwerk von Computern. Dieses soll es ermöglichen automatisch Fax-, Telex-, und E- Mail Übertragungen nach speziellen Schlüsselworten oder Adressaten zu durchsuchen. Die Vermutung, das auch Telefongespräche belauscht werden können, ist von offizieller Seite nicht bestätigt worden. Die Knoten des Netzwerkes werden als Echelon Dictionaries bezeichnet. Darin enthalten sind die jeweiligen Schlüsselworte oder Zielpersonen (watch lists) der beteiligten Länder. Die Arbeitsweise diese Netzwerks sieht folgendermaßen aus. Kernstück von Echelon sind verschiedene Bodenstationen, die es ermöglichen in hundertprozentiger Abdeckung das System aus Kommunikationssatelliten abzuhören. Darüber hinaus ist es möglich landgestützte Kommunikationsstrecken zu belauschen. Das bedeutet der zivile und militärische Kurzstreckenfunk, sowie das internationale Richtfunknetz sind von der Überwachung durch Echelon betroffen. Auch hier ist das Ausmaß der Überwachung nicht vollständig bekannt. Auch die Überwachung von kabelgestützter Kommunikation soll in das Echelon- Netzwerk integriert sind. Eine Bodenstation des Netzwerks wird unter anderem im bayerischem Bad Aibling unter der Leitung der amerikanischen NSA (National Security Agency) betrieben. Neben den datenschutzrechtlichen Bedenken seitens der Bundesrepublik, die sich logischerweise aus den Fähigkeiten dieses Systems ergibt wurde auch auf amerikanischer Seite Kritik an Echelon laut.

"Die Charta der NSA erlaubt keine nachrichtendienstliche Aufklärung im Inland", erklärte EPIC-Direktor Marc Rotenberg. "Dennoch haben wir Grund anzunehmen, dass die NSA am wahllosen Sammeln und Abfangen von inländischer Kommunikation über das Internet beteiligt ist."

Mit einem Antrag Datenschutzorganisation Electronic Privacy Information Center (EPIC) beim US- Bundesgericht wurde versucht die Freigabe von Informationen seitens der NSA zu erzwingen.

4.4 Zukunftsvisionen

Neben diesen von uns erklärten Maßnahmen und Verfahren von Informationserhebungen stehen bereits weitere Ansätze in ihren Startlöchern, welche kurz angeschnitten werden. So wurde auf europäischer Ebene (Cybercrime- Konvention) bereits daran gearbeitet verbesserte Handlungsmöglichkeiten der Justiz in der Bekämpfung der Netzkriminalität zu schaffen. Besondere Aufmerksamkeit galt dort den Bestimmungen der Speicherungsmöglichkeiten von Verbindungsdaten. Auch die Ausweitung der Videoüberwachung wird in Deutschland diskutiert. Ein weiterer Punkt ist die Einführung von Biometrie für Pass und Personalausweis. Dies soll der Verbesserung einer computergestützten Identifizierung auf Grundlage des Ausweisdokuments dienen. Als mögliche biometrische Daten sind Dinge wie Fingerabdrücke, Handgeometrie oder Gesichtgeometrie vorgesehen. Auch die Einführung von Sprachproben zur Bekämpfung von Terroristen wird diskutiert. Diese Sprachproben würden dann erhoben, wenn einreisewillige Asylbewerber ohne Papiere anreisen. Damit soll es dann möglich sein Identität und Herkunftsland der jeweiligen Person festzustellen

5. Ethische Diskussion des möglichen Überwachungsstaats

Wie kommt eine ethische Diskussion über einen möglichen Überwachungsstaat zustande. In unseren bisherigen Ausführungen ist klar geworden, das der Begriff des Überwachungsstaates, u.a. durch die verschieden Stufen und Möglichkeiten der Informationserhebung erklärt werden kann. Und gerade der Begriff der Informationserhebung stellt auch einen ersten Zusammenhang mit ethischen Betrachtungsmöglichkeiten unseres Themas her. Es geht um Information- also deren Erhebung und im besonderem Maße um deren Verarbeitung. Wir können also von einer „Ethik der Informationsverarbeitung" [Lenk] sprechen. Diese Betrachtungsweise setzt zur Lösung ethischer Fragen bei dem Verhältnis zwischen Informationen an. Darüber hinaus werden aber auch das soziale und persönliche Verhalten von Personen betrachtet, sowie die Fragestellung inwieweit die Zugänglichkeit und Verteilung von Information zwischenmenschliche, aber auch soziale Verhältnisse verändern kann. Der Philosoph John Ladd spricht hier von der „moralischen Funktion von Information[Lenk]. Diese moralische Funktion stellt die Frage, welche Information in welcher Form zwischen Menschen weitergegeben werden sollten. Die wichtigste Fragestellung allerdings ist, welche moralischen Beschränkungen für die Informationsverarbeitung generell gelten. Um der Beantwortung dieser Fragestellung näher zu kommen sollte man als erstes eine Haupteigenschaft von Information benennen. Information bedeutet Macht. Jedenfalls kann Information als Machtinstrument missbraucht werden. Durch diese Macht ist die Möglichkeit gegeben, mit Hilfe von Informationen bestehende Verhältnisse zu verändern. Macht befähigt des weiteren Kontrolle und Beherrschung über Personen auszuüben. Doch wie weit geht die konkrete Machtausübung unter Zuhilfenahme von Informationen? Dies wird von uns im gesellschaftlichen Zusammenhang diskutiert. Denn neben der Sanktionierung und Prävention von gesetzeswidrigen Verhalten durch Polizei und Verfassungsschutz, könnten vom Staat auch Verhaltensnormen durchgesetzt werden, deren gesetzliche Grundlage fehlt. Inwieweit und ob dies der Fall ist kann jedoch nicht beantwortet werden. Grundsätzlich müssen die Informationen zur Veränderung von Verhältnissen besonderer Art sein. Denn um das Verhalten einer bestimmten Personengruppe zu beeinflussen, bedarf es nicht irgendwelcher Informationen, sondern Informationen mit praktischer Bedeutung. Also Informationen, die mächtig genug sind ein Verhalten der betroffenen Personengruppen zu verändern. Im folgenden sprechen wir diesbezüglich von den sog. Praktischen Informationen.

Es gibt zwei ethische Betrachtungsweisen von Information grundsätzlicher Art:

Zum einem wäre das Prinzip der Gleichheit, des Egalitarismus (Prinzip der Gleichheit) zu nennen. Dies verlangt eine Gleichverteilung von Informationen zwischen den Parteien, die an einer gesellschaftlichen Entscheidung beteiligt sind. Hierbei steht das Individuum als zentrale Figur der politischen Grundeinheit. Der Egalitarismus ist eher eine radikalere Auslegung des Prinzip der Gleichheit und sozialen Gerechtigkeit. Der volle Egalitarismus, so wie er in der Theorie dieses philosophischen Ansatzes seine Forderung hat, würde nicht konform sein mit dem jetzigen Begebenheiten der demokratischen und damit pluralistisch aufgebauten Bundesrepublik. Die Frage ob eine andere Staatsform diesem Theorem gerecht werden würde, ist sehr problematisch und würde den Rahmen unserer Ausführungen sprengen. Vielmehr sehen wir diesen Ansatz als die Forderung einer Annäherung von Gleichheit der Information dar.

Ein weiterer Aspekt der ethischen Betrachtung ist der Verantwortungsbegriff. Jede Person oder Partei ist für das eigene Wohl, aber auch für das Wohl der anderen Personen, mit denen eine gesellschaftliche Beziehung besteht, verantwortlich. Darüber hinaus besteht die Verantwortung des Allgemeinwohls. Um diese Punkte zu erfüllen, muss jede Person (Partei) die verantwortlich handeln will über Informationen der Personen (Parteien) verfügen, die Betroffene der Handlung sind. Dieses Prinzip der Verantwortlichkeit stellt den Kern der Legitimation des Staates zur Informationserhebung dar. Jedoch ist diese Verantwortlichkeit nur zu Teilen ethisch und, wie wir bereits erklärt, rechtlich haltbar. Denn es gibt Situationen, in denen uneingeschränktes Teilen moralisch unerwünscht und falsch ist. Diese Situationen treten ein wenn Informationen erhoben werden, die zur Privatsphäre des Betroffenen gehören. Charles Fried versucht die Privatsphäre oder Privatheit folgendermaßen zu erklären: „Privatheit liefert den rationalen Kontext für eine Reihe unserer bedeutendsten (persönlichen) Ziele, wie Liebe, Vertrauen und Freundschaft, Respekt und Selbstachtung"[Lenk]. Seiner Meinung nach sind bestimmte intime Beziehungen ohne Privatheit unmöglich. Genau hier liegt vielleicht auch ein Hauptproblem zwischen der staatlichen Datenerhebung und dem Datenschutz. Rechtlich und auch ethisch gesehen ist die Informationserhebung des Staates durchaus vertretbar. Die Frage ist vielmehr inwieweit sich der Staat daran hält oder es versteht im Sinne eines übergeordnetem Allgemeinwohls das Recht der Privatheit zu umgehen.

6. Fazit und Ausblick

Die Frage ob sich Deutschland als Überwachungsstaat bezeichnen lässt, kann nicht eindeutig beantwortet werden und liegt wohl eher im Auge des Betrachters. Fakt ist jedoch, das neben den zahlreichen datenschutzrechtlichen Bestimmungen immer das Recht des Staates offen bleibt diese Bestimmungen aufgrund eines übergeordneten Allgemeinwohls zu unterwandern. In wiefern die Bundesrepublik diesen Vorbehalt der Gesetzgebung in Anspruch nimmt, beziehungsweise ein Allgemeinwohl feststellt, kann ebenfalls nur angenommen werden. Auch die vorhandene Gesetzgebung als solche lässt der Bundesrepublik einen großen Handlungsspielraum vermeidlich verfassungswidrige Informationserhebungen durchzuführen. Der Grund dafür ist, das derartige Gesetzgebungen in ihrer Konkretheit sehr schwerlich und dadurch sehr unbefriedigend zu formulieren sind. Es lassen sich ebenfalls einige Anhaltspunkte für Widersprüche in der Einhaltung der klar gesetzten Grenzen einer staatlichen Informationserhebung erkennen. So sind einige Datenschützer nicht der Ansicht, das sich der Staat immer verfassungskonform verhält. Auch die neuen Entwicklungen der Datenschutzgesetze lassen die Kritik zu, dass der Staat, in seiner Informationserhebung, immer mehr versucht als eine Art Überwachungsstaat zu fungieren. Dies ist nicht zuletzt darauf zurückzuführen, das die jüngsten terroristischen Anschläge, in den Augen der Regierung und des Verfassungsschutzes, neue Regelungen zu Lasten des Datenschutzes erforderten. Hier sind aber auch in Zukunft Neuerungen zu erwarten. Neben den Bedenken eines möglichen Überwachungsstaats ist allerdings zur technischen Realisierung folgendes zu bemerken. Selbst wenn der Staat wollte, die totale Überwachung und die Bevölkerung als „Gläserner Mensch" ist in technischer Hinsicht, jedenfalls bis jetzt noch, nicht möglich. Noch befindet sich der technische Fortschritt nicht auf der benötigten Stufe, um die gewaltigen Datenmengen zu sammeln, geschweige denn zu verarbeiten. Dennoch sollten auch die jetzigen Möglichkeiten der Überwachung mit Hilfe von Datenverarbeitungssystemen nicht unterschätzt werden. Denn die zugrundeliegenden Ziele dieser Systeme stellen durchaus die Gefahr eines totalitären Systems in Form eines Überwachungsstaates dar, sofern sie einmal technisch bewältigt werden können.

7 Literatur

[1]   Symposium der Hessischen Landesregierung: Informationsgesellschaft oder Überwachungsstaat (Strategien zur Wahrung der Freiheitsrechte im Computerzeitalter). Wiesbaden, 1984

[2]   Bölsche, Jochen: Der Weg in den Überwachungsstaat (Das Buch zum Spiegel- Report). Reinbeck, 1979

[3]   Schneider, Horst R.; Schön, Karl Peter: Der Bürger im Datennetz? (Datenbedarf und Datenschutz in Sozialforschung, Sozialplanung und Praxisberatung). Bielefeld, 1989

[4]   Lenk, Hans: Wissenschaft und Ethik. Stuttgart, 1991

[5]   Fick, Markus; Schmick, Bastian: „Überwachungsstaat", 1999
http://www.stud.uni-siegen.de/markus.fick/us/us.html

[6]   Terroranschlag in den USA legitimiert nicht den Überwachungsstaat
http://www.datenschutzzentrum.de/material/themen/presse/uestaat.htm

[7]   Rötzer, Florian: Weltweites Schnüffelsystem, 2002
http://www.heise.de/tp/deutsch/inhalt/te/13647/1.html

[8]   Big Brother Pentagon, 2002
http://www.spiegel.de/netzwelt/politik/0,1518,222556,00.html

[9]   Das Eco Forum fordert: Wer einen Überwachungsstaat will, soll ihn auch selbst bezahlen!, 2002
http://www.eco.de/servlet/PB/menu/1029346/

[10]   Möhring, Michael: Datenschutz und Datensicherheit
www.uni-koblenz.de/~moeh/lehre/ws0102/dsds1.pdf

[11]   TK- Überwachung
http://www.datenschutz-und
datensicherheit.de/jhrg26/heft0204.htm

[12]   Busch, Heiner: Die elektronischen Instrumente der Abschiebung
http://www.cilip.de/ausgabe/59/abschieb.htm

[13]   GI warnt vor Überwachungsstaat durch die Hintertür, 2001
http://www.golem.de/0110/16293.html

[14]   Gräf, Lorenz: Privatheit und Datenschutz
http://www.uni-koeln.de/~ahs04/disszsfg.htm

[15]   Krempl, Stephan: Schilys Geheimplan im Kampf gegen den Terrorismus, 2001
http://www.heise.de/tp/deutsch/inhalt/te/9792/1.html

[16]   Patalong, Frank: Großer, dummer Bruder
http://www.der-chris.de/datenschutz.html

[17]   Fisahn, Andreas: Die Entwicklung der politischen Demokratie; Neokonservativer Abbau demokratischer Rechte
http://www.user.uni-bremen.de/~fisahn/polDem.htm

[18]   Brennpunkte des Datenschutzes
http://www.brandenburg.de/land/lfdbbg/tb_info/tb/tb10/tb10a01.htm

[19]   Antoni, Matthias: Datenschutz und Datensicherheit, 2001
http://www.antoni-team.de/daten.html

[20]   Unzulässiger Speicherumfang in „Inpol-Neu" geplant
http://www.datenschutz-bayern.de/dsbk-ent/inpol59.htm

[21]   Datenschutz, Auskunft von Sicherheitsbehörden und Akteneinsicht, 1992
http://www.lsvd.de/buch/40.html

[22]   Hetmank, Sven: Einführung in das Recht des Datenschutzes, 2002
http://www.jurpc.de/aufsatz/20020067.htm